4

Découvertes

Série jaune

Verbenlernheft

von
Cécile Desprairies

Ernst Klett Verlag
Stuttgart • Leipzig

Verben lernen mit dem Verbenlernheft

Mit diesem Heft kannst du die Verben aus deinem Découvertes-Lehrbuch **üben und wiederholen**. Das praktische Format passt in fast jede Tasche. So kannst du es immer mitnehmen und auch in Bus und Bahn oder in den Pausen lernen.
Zu jeder Unité gibt es zunächst eine **Liste der neuen Verben** mit ihrer Übersetzung sowie **Tipps** und Hinweise zu den Formen.
Daran schließen sich vielfältige **Übungen** an, die sich stets auf die neuen Verben der jeweiligen Unité konzentrieren.
Die ersten Übungen jeder Unité beziehen sich stets nur auf einen **Teil des neuen Vokabulars**, sodass du von Anfang an mit dem Heft arbeiten kannst. Welche Wörter für die Aufgabe benötigt werden, ist jeweils hinter der Aufgabenstellung in Klammern angegeben: **DE-A3** bedeutet, dass hier der Découvertes-Teil sowie die Übungen 1 bis 3 des Ateliers A berücksichtigt werden. Wenn diese Angabe fehlt, können in der Übung Verben aus der gesamten Unité vorkommen.
Mit den **Lösungen** (ab Seite 57) kannst du dich selbst kontrollieren.
Die **Zahlen** am rechten Rand in der Verbenliste geben an, zu welchem Konjugationstyp ein Verb gehört, also nach welchem Muster es konjugiert wird (z. B. 3 = Verben auf -dre). Diese **Verbtyp-Tabellen** findest du in Anschluss an den Vokabel- und Übungsteil ab Seite 37. **Unregelmäßige Verben** (unr.) werden am Ende des Heftes in alphabetischer Reihenfolge aufgelistet. Bei einigen Verben wie *comprendre* oder *apprendre* musst du unter dem jeweiligen Basisverb, also hier: *prendre*, nachschauen.
Dein Découvertes-Team wünscht

Bon courage!

Schon gewusst?
Unter www.klett.de kannst du dir alle **Lernwörter anhören**.
Gib dazu im Suchfeld den **Code 722p8v** ein und wähle dann die Unité und den entsprechenden Teil aus.

Unité 1 – La France en fête

TIPP

Les verbes qui se conjuguent avec «être» ont un participe passé variable: il s'accorde avec le sujet.
Elles étaient parti**es**.
Nous nous sommes adressé**(e)s** aux guides.

Découvertes

donner rendez-vous à qn [dɔneʀɑ̃devu]	sich mit jdm. verabreden	1

Atelier A

avoir lieu [avwaʀljø]	sich ereignen; stattfinden	unr.
réserver qc [ʀezɛʀve]	etw. reservieren	1
avoir besoin de qc/de faire qc [avwaʀbəzwɛ̃]	etw. brauchen; etw. tun müssen	unr.
se souvenir de qn/qc [səsuvəniʀ]	sich an jdn./etw. erinnern	unr.
s'adresser à qn [sadʀese]	sich an jdn. richten; sich an jdn. wenden	1
marcher [maʀʃe]	gehen	1
se promener [səpʀɔmne]	spazieren gehen	2b
se renseigner sur qn/qc [səʀɑ̃sɛɲe]	sich über jdn./etw. erkundigen	1
il s'agit de qn/qc [ilsaʒidə]	es handelt sich um jdn./etw.	5
Pourriez-vous ...? [puʀjevu]	Könnten Sie (bitte) ...?	unr.
durer [dyʀe]	dauern	1

Attention! En français, on se rappelle **quelque chose** (verbe transitif), mais on se souvient **de quelque chose** (verbe intransitif).

1. Se rappeler qc ou se souvenir de qc?

Utilise les mots dans les cases pour compléter les phrases suivantes. (A2)

pas souvenues	ne nous	
rappelles	ne s'	
êtes	étaient	vous
te	rappelons	
se souviendra	souvenus	

a) Vanessa, tu ____
cette troupe? – Oui, bien sûr. Je l'ai beaucoup aimée!

b) Léa et Annie ____
du titre de leur film préféré! – C'est incroyable!

c) Je crois que Paul ____
toujours de ses dernières vacances.

d) Quelle surprise! Vous ____
de mon anniversaire? Comme c'est gentil!

e) Nous ____ plus le numéro
de la rue.

2. Les verbes cachés

Remets les lettres dans l'ordre et note le verbe trouvé.

URDER ______________________

SEINGENER (se) ______________________

MERCHAR ______________________

SERVERRE ______________________

3. Charlotte est très contrôlée!

Complète les phrases suivantes au plus-que-parfait.

a) Quand Charlotte ______________________ (*se promener*), elle devait rentrer tout de suite à la maison.

b) Charlotte a dit à ses parents qu'elle ______________________ (*ne pas donner rendez-vous*) à son ami.

c) Elle leur a raconté qu'elle ______________________ (*ne pas se promener*) dans le quartier.

d) Qu'elle ______________________ (*marcher*) toute seule dans la forêt.

e) Et qu'elle ______________________ (*bien rentrer*) à la maison!

f) Charlotte ______________________ (*mentir*).

4. La rue du Festival, s'il vous plaît.

Regarde d'abord les nouveaux verbes, puis complète les parties manquantes et relie les deux parties d'une phrase.

1 P________________-vous	**a)** avons b____________ d'un renseignement.
2 Bonjour, madame.	**b)** d'une adresse.
3 Elle est devant nous? Ah, merci, madame.	**c)** Oui, madame, je m' ad___________ à vous.
4 Nous ne nous sou_______________ plus	**d)** nous aider, s'il vous plaît?
5 Il s'ag_________	**e)** depuis deux heures.
6 Nous marchons	**f)** de la rue du Festival.
7 Mon ami et moi	**g)** Au revoir, madame.

Enfin, remets l'histoire en ordre. (Note les chiffres et lettres.)

____

5. C'est impératif!

Réécris ces phrases à l'impératif. Remplace l'objet par un **pronom**.

a) Lis ce livre. → ________________________________.

b) Réservez les places. → ____________________________.

c) Je ne donne pas rendez-vous à Marie. →

____.

6. Traduis en français.

a) Das dauert zu lange.

b) Das Festival wird dieses Jahr nicht stattfinden. (*futur simple*)

c) Du musst keine Angst haben.

d) Kannst du uns fünf Eintrittskarten reservieren?

e) Wir haben uns an unsere Lehrer gewandt.

f) Er hat sich über dich erkundigt!

Die Lösungen zu den Übungen findest du auf Seite 57.

Unité 2 – Un séjour à l'étranger? – Avec plaisir!

Le futur simple et le conditionnel se ressemblent beaucoup parce qu'ils ont le même radical (denselben Stamm).
Mais les terminaisons sont différentes:

Futur simple:	Stamm + Endungen von avoir im Présent	
	-ai / -as / -a	-ons / -ez / -ont
Conditionnel:	Stamm + Endungen des Imparfait	
	-ais / -ais / -ait	-ions / -iez / -aient

Découvertes

être situé [ɛtʀəsitɥe]	liegen	unr.
se trouver [sətʀuve]	sich befinden	1

Atelier A

s'engager pour qc [sɑ̃gaʒe]	sich für etw. einsetzen	2f
s'inscrire [sɛ̃skʀiʀ]	sich einschreiben; sich anmelden	unr.
accompagner qn [akɔ̃paɲe]	jdn. begleiten	1
poser sa candidature [pozesakɑ̃didatyʀ]	sich bewerben	1
souhaiter faire qc [swete]	wünschen, etw. zu tun	1

Atelier B

être au chômage [ɛtʀoʃomaʒ]	arbeitslos sein	unr.
signer qc [siɲe]	etw. unterschreiben	1
Je vous en prie! [ʒəvuzɑ̃pʀi]	Ich bitte Sie.	1
s'asseoir [saswaʀ]	sich setzen	unr.
gêner qn [ʒene]	jdn. stören	1
être capable/capable de faire qc [kapabl]	fähig sein, etw. zu tun	unr.

se tromper [sətʀɔ̃pe]	sich täuschen	1
tenir [təniʀ]	halten; *hier:* durchhalten	unr.

TIPP

Les verbes les **plus utilisés** sont
les **plus irréguliers**!
Regarde souvent la liste à la fin de ce carnet.

1. Verbes irréguliers – révision

Cherche les formes des verbes et écris-les avec le pronom.

Attention! Parfois une forme se cache dans une autre:

Exemple: tu *auras* contient (*enthält*) il/elle/on *aura*.

V	E	C	U	Y	A	B	U	I	D	O	N
A	B	P	D	O	F	O	N	T	I	S	O
P	L	E	U	V	A	I	T	E	T	E	U
K	S	U	R	I	M	T	E	T	E	S	V
V	O	V	I	E	N	D	R	A	S	T	E
E	B	E	R	N	A	M	X	I	G	H	R
N	I	N	A	S	B	I	Z	S	A	I	T
U	S	T	I	E	N	S	I	R	O	N	S

présent: ____________________

____

____

futur simple: ____________________

imparfait: ____________________

participe passé: ____________________

____

2. Engagées!

Coralie et Béatrice (C/B) parlent à Luc et Romain (L/R). (DE/A)

a) *C/B:* Ça y est! Nous ______________________________

______________________ (*sich einschreiben, passé composé*)

à l'Institut de la Forêt.

Là, nous ____

(*sich engagieren, futur composé)* pour sauver les forêts.

b) *L/R:* Nous ___________________________ (*kommen, présent*)

avec vous, les filles!

c) *C/B*: Un détail: l'Institut de la Forêt _____________________

(*sich befinden, présent*) en Amérique …

3. Une bonne nouvelle

Complète les phrases. Utilise les verbes suivants.

passer (au passé composé)

signer (au futur)

être (au futur)

poser (au plus-que-parfait)

embaucher (au passé composé)

Mon père ne ___________________________ plus au chômage.

Il _________________________________ son contrat demain.

Il ___________________________ sa candidature pour un poste

à Montpellier. La semaine dernière, il _____________________

deux entretiens d'embauche. Et heureusement, c'est un succès.

4. S'asseoir ou ne pas s'asseoir?

Remets les lettres dans l'ordre pour conjuguer le verbe *s'asseoir*. Réécris le verbe.

a) **s a d i s s e** ______________________-toi!

b) **o s t a s i e** Elle s'______________________.

c) **é s a r a i s i** Je m' ______________________.

d) **s a i s e s a s** Vous vous êtes ______________________?

e) **y a n s e s o s** Nous nous ______________________.

5. A condition de ...

Complète les phrases suivantes au conditionnel présent (c. présent) ou au conditionnel passé (c. passé).

Luc: J' ______________________

(*souhaiter, c. passé*) être médecin!

Lisa: Mais tu peux le faire! Tu en ______________________

(*être, c. présent*) capable!

Luc: D'accord, j' ______________________

(*aimer, c. présent*) bien être médecin.

Lisa: Pourquoi tu n'es pas sûr de ton succès? Tu penses que tu

____

(*se tromper, c. présent*) à l'examen?

Luc: Non, je ______________________

(*ne pas tenir, c. présent*) le rythme. Je crois que je ______________

______________________ (*ne pas pouvoir, c. présent*), c'est tout.

Lisa: Je t'______________________ (*aider, c. présent*), si tu le voulais!

6. Traduis en français.

a) Die Fakultät befand sich im Zentrum Münchens. (*imparfait*)

b) Das stört mich gar nicht.

c) Wo wirst du dich einschreiben? (*futur simple*)

d) Ich bitte dich!

e) Laura engagierte sich sehr für uns. (*passé composé*)

f) Wer wird dich begleiten? (*futur composé*)

Die Lösungen zu den Übungen findest du auf den Seiten 58–59.

Unité 3 – France – Allemagne: quelle histoire!

Achtung bei Verben mit einem **é** im Stamm (Typ 2B):
coop**é**rer je coop**è**re nous coop**é**rons
Bei diesen Verben steht das **é** im Stamm nur in **unbetonten** Silben (also im Infinitiv sowie in der nous- und vous-Form).
Wenn der Stamm **betont** wird (Singularformen und die 3. P. Plural), ändern sich Aussprache und Akzent:
(Die betonte Silbe ist jeweils unterstrichen.)
je r**è**gle / ils r**è**glent aber: r**é**gler / vous r**é**glez

Atelier A

coopérer avec qn [kɔɔpeʀe]	mit jdm. zusammenarbeiten	1
créer qc [kʀee]	etw. gründen; etw. schaffen	1
blesser qn [blɛse]	jdn. verletzen; jdn. verwunden	1
convaincre qn de qc [kɔ̃vɛ̃kʀ]	jdn. von etw. überzeugen	unr.
résister à qn/qc [ʀeziste]	jdm./etw. Widerstand leisten	1
j'aimerais que + *subj.* [ʒɛməʀɛkə]	ich möchte, dass; ich wünsche mir, dass	1
refuser de faire qc + *subj.* [ʀəfyze]	ablehnen, etw. zu tun; sich weigern, etw. zu tun	1
il faut que + *subj.* [ilfokə]	man muss; es ist notwendig, dass	unr.
interdire à qn de faire qc [ɛ̃tɛʀdiʀ]	jdm. verbieten, etw. zu tun	unr.
régler qc [ʀegle]	etw. regeln; etw. einstellen	2b
demander que + *subj.* [dəmɑ̃dekə]	fordern, dass; verlangen, dass	1
battre qn [batʀ]	jdn. besiegen	unr.
se battre [səbatʀ]	kämpfen	unr.

surveiller qn/qc [syrveje]	jdn./etw. überwachen	1
lutter [lyte]	kämpfen	1
vaincre qn [vɛ̃kr]	jdn. besiegen	unr.
vouloir que + *subj.* [vulwarkə]	wollen, dass	unr.
trouver bien que + *subj.* [truvebjɛ̃kə]	gut finden, dass	1
se tenir par la main [sətənirparlamɛ̃]	sich bei der Hand halten	unr.
s'embrasser [sɑ̃brase]	sich umarmen; sich küssen	1

Atelier B

après avoir fait qc [aprɛzavwar]	nachdem man etw. getan hat
avant de faire qc [avɑ̃də]	bevor man etw. tut

1. Comment dit-on en français?

Traduis les verbes suivants. Puis conjugue au présent. (A1–A2)

a) zusammenarbeiten: ______________________

je ______________ vous ______________

b) regeln: ______________________

tu ______________ nous ______________

c) kämpfen: *se* ______________________

je ______________ ils ______________

d) sagen: ______________________

nous ______________ vous ______________

e) verbieten: ______________________

j'______________ vous ______________

TIPP

Tu le sais: plus un verbe est utilisé, plus il est irrégulier.
Le verbe «dire» est plus souvent employé qu'«interdire».
Exemple: vous **dites**, mais vous inter**disez**.

2. Je veux que tu le fasses!

Choisis la bonne forme du verbe et complète les phrases.

faisons fassions ferons	achèterez achetiez achetez	suis sois serai
prenne prenais prends	viendras viens viennes	vas ailles iras

a) J'aimerais que vous ______________________ un cadeau.

b) Yann, il faut que tu ______________________ chez Manon demain.

c) J'ai mal à la tête. Il faudrait que je ______________________ un médicament.

d) Tu aimerais que je ______________________ la plus belle?

e) Il faut que nous ______________________ une surprise à Magali.

f) Nous aimerions que tu ______________________ en Allemagne.

TIPP

Vaincre et **convaincre** se conjuguent exactement de la même façon, à tous les modes et à tous les temps.
je/tu (con)vainc**s**, mais: il (con)vainc_

3. Vaincre ou convaincre?

Conjugue le bon verbe au temps qui convient.

a) Je ne vais pas ______________________________ facilement mon ami de m'accompagner au cinéma.

b) Jules César a dit: «Je suis venu, j'ai vu, j'__________________.»

c) Nous ________________________________ (*futur simple*) parce que nous sommes les plus forts!

d) Alors, Marie, leurs arguments te ____________________________ (*présent*)?

e) Avant d'avoir ______________________________ Lisa, nous avons beaucoup réfléchi.

4. Après avoir fait OU avant de faire?

Traduis les phrases suivantes.

a) Bevor du unterschreibst, lies den ganzen Text.

____

b) Nachdem ich geschwommen bin, arbeite ich besser.

____

c) Bevor ihr zu Bett geht, schließt bitte die Tür.

____

d) Nachdem Paul gegessen hat, wird er seiner Schwester helfen.

____

5. Elle aimerait …

Entoure (*kreise ein*) les huit formes du subjonctif, puis note-les.

F	I	N	I	S	S	E	B	D	S
A	P	A	R	T	E	L	M	O	O
S	L	A	I	L	L	E	K	R	R
S	P	R	E	N	N	E	U	M	T
E	M	E	T	T	E	I	L	E	E

… que je/j' ______________________

____

6. Traduis en français.

a) Umarmt euch.

____

b) Die kleinen Mädchen halten sich bei der Hand.

____

____

c) Wir müssen die Arbeiten überwachen.

____

____

d) Warum verbietet ihr uns zusammenzuarbeiten?

____

____

Die Lösungen zu den Übungen findest du auf den Seiten 59–60.

Module 1 – France aller – retour

TIPP

Les verbes **amener** ou **emmener** signifient à l'origine «tenir par la main». On les emploie seulement pour une **personne**.
Par contre les verbes **apporter** ou **emporter** sont des composés de «porter». On les emploie seulement pour un **objet**.

Découvertes

sembler faire qc [sɑ̃ble]	etw. zu tun scheinen	1
promettre qc à qn [pʀɔmɛtʀ]	jdm. etw. versprechen	unr.
plier qc [plije]	etw. beugen; etw. falten; etw. zusammenlegen	1

Atelier A

grandir [gʀɑ̃diʀ]	wachsen; aufwachsen	5
partager qc avec qn [paʀtaʒe]	etw. mit jdm. teilen	1
marier qn avec qn [maʀje]	jdn. mit jdm. verheiraten	1
se marier avec qn [səmaʀje]	jdn. heiraten	1
prêter qc à qn [pʀete]	jdm. etw. leihen	1
emmener qn [ɑ̃məne]	jdn. mitnehmen	2a
convenir de faire qc [kɔ̃vəniʀ]	vereinbaren, etw. zu tun	unr.
engager qn (à faire qc) [ɑ̃gaʒe]	jdn. verpflichten (etw. zu tun)	2f
juger qc [ʒyʒe]	etw. beurteilen	2f
subvenir à qc [sybvəniʀ]	für etw. aufkommen	unr.
finir par faire qc [finiʀpaʀ]	etw. schließlich tun	5
suivre qn/qc [sɥivʀ]	jdm./etw. folgen	unr.
il suffit (de faire qc) [ilsyfi]	man braucht nur (etw. zu tun); es genügt (etw. zu tun)	unr.

exister [ɛgziste]	existieren	1
prononcer qc [pʀɔnɔ̃se]	etw. aussprechen	2e
en prononçant qc [ɑ̃pʀɔnɔ̃sɑ̃]	wenn man etw. ausspricht	
serrer qn/qc [sɛʀe]	jdn./etw. drücken; jdn./etw. umklammern	1
réagir à qc [ʀeaʒiʀ]	auf etw. reagieren	5
réaliser qc [ʀealize]	etw. begreifen; sich einer Sache bewusst werden	1
obliger qn à faire qc [ɔbliʒe]	jdn. zwingen, etw. zu tun; jdn. verpflichten, etw. zu tun	2f
être obligé/obligée de faire qc [ɛtʀɔbliʒe]	etw. tun müssen; verpflichtet sein, etw. zu tun	unr.
éprouver qc (pour qn) [epʀuve]	etw. verspüren; etw. (für jdn.) empfinden	1
tomber amoureux/amoureuse de qn [tɔ̃beamuʀø/amuʀøz]	sich in jdn. verlieben	1
remplir qc [ʀɑ̃pliʀ]	etw. füllen; etw. ausfüllen	5

Atelier B

attirer qn/qc [atiʀe]	jdn./etw. anziehen	1
mettre en jeu qc [mɛtʀɑ̃ʒø]	etw. aufs Spiel setzen; etw. ins Spiel bringen	unr.
épargner qc à qn [epaʀɲe]	jdm. etw. ersparen	1
élaborer qc [elabɔʀe]	etw. erarbeiten; etw. erstellen	1
être en position de faire qc [ɛtʀɑ̃pozisjɔ̃]	in der Lage sein, etw. zu tun *(förmlich)*	unr.
amener qn [aməne]	jdn. mitbringen	2a
amener qn à faire qc [aməne]	jdn. veranlassen, etw. zu tun *(förmlich)*	2a
résider [ʀezide]	wohnen	1

poursuivre qc [puʀsɥivʀ]	etw. weiterverfolgen; etw. fortsetzen	unr.
reconnaître qc [ʀəkɔnɛtʀ]	etw. (wieder-)erkennen; etw. anerkennen	unr.
protéger qn/qc [pʀɔteʒe]	jdn./etw. schützen	2b
défendre qn/qc [defɑ̃dʀ]	jdn./etw. verteidigen	3
écarter qc [ekaʀte]	*hier:* etw. spreizen	1
approfondir qc [apʀɔfɔ̃diʀ]	etw. vertiefen	5
bosser *(fam.)* [bɔse]	schuften *(ugs.)*; jobben *(ugs.)*	1
paraître [paʀɛtʀ]	erscheinen; scheinen	unr.

Attention aux verbes réguliers en -**g**er ou -**c**er!
La prononciation reste toujours [ʒ] ou [s]. Pour cela tu dois adapter parfois l'écriture et ajouter un **e** ou une **cédille**.
-g-/-ge- partager: je partage – je parta**ge**ais
-c-/-ç- prononcer: je prononce – je pronon**ç**ais

1. g ou **ge**, **c** ou **ç**?
Complète d'abord les formes suivantes.
Puis indique le temps employé par un numéro. (A1–A5)

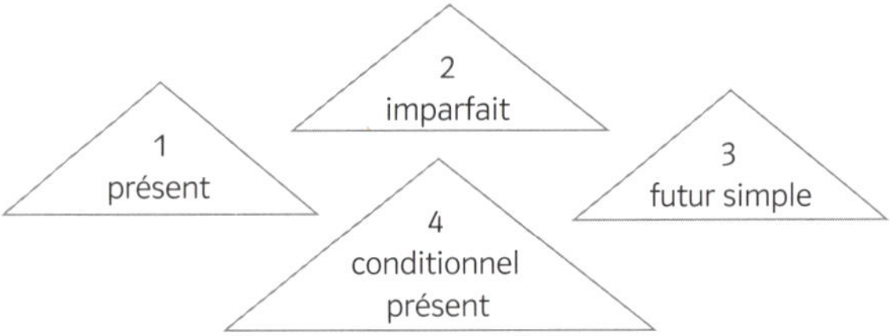

a) nous ju_____ons	1	**b)** je parta_____ais	
c) tu parta_____rais		**d)** nous pronon_____ons	
e) elle ju_____ait		**f)** je m'enga_____rai	
g) il pronon_____ait		**h)** elles parta_____ront	

2. Les verbes en -ir

Complète les phrases en conjuguant le bon verbe au subjonctif. (A1–A9)

grandir réagir remplir choisir sortir partir

a) Je voudrais que tu ______________________ mon verre, s'il te plaît.

b) Il faut que nous ______________________ maintenant.

c) C'est dommage que tu ne ______________________ pas à la campagne.

d) Nous voulons que vous ______________________ à ce scandale.

e) Elle est à la maison depuis hier. Maintenant, il faut qu'elle ______________________!

f) Vacances à la mer ou à la montagne? Il faut enfin que nous ______________________!

3. Tu reconnais les verbes?

Regarde les formes au passé simple. Relie-les avec leur pronom. Puis note l'infinitif du verbe.

elle

ils

fut ______________________

mirent ______________________

firent ______________________

prit ______________________

durent ______________________

tint ______________________

4. Passé simple ou non?

Souligne d'abord les verbes. Puis note-les à l'infinitif. (Atelier A)

a) Ils se marièrent et eurent beaucoup d'enfants.

infinitifs: ____________________________

b) Autrefois, les pères mariaient les filles et elles devaient obéir.

infinitifs: ____________________________

c) «Ils vécurent libres, […] bons et heureux.»

infinitif: ____________________________

d) Paul et Virginie subvinrent à leurs besoins sur l'île déserte.

infinitif: ____________________________

Les phrases au passé simple: ____________________

5. -mener ou -porter?

Complète les phrases suivantes.

a) Lisa ____________________ (*mitbringen, passé composé*) Antoine à l'anniversaire de tante Julie.

b) Yann et Mathilde ____________________ (*mitnehmen, présent*) leur père à l'hôtel.

c) Elle ____________________ (*mitbringen, futur simple*) son ordinateur en vacances.

d) Pierre____________________ (*mitbringen, passé composé)* à la fête un gâteau qu'il avait fait.

e) Les professeurs ____________________ (*mitnehmen, passé composé*) tous leurs élèves à Venise.

6. Actif ou passif?

Transforme les phrases à la voix passive. *Exemple:*

Yann **chante** une chanson. → La chanson **est chantée** par Yann.

a) La mère protège l'enfant.

____

____.

b) Pierre élaborera un bon plan.

____

____.

c) Les filles ont poursuivi ces trois projets.

____

____.

d) Ce scandale met en jeu notre honneur.

____.

7. Les formes du gérondif

Complète les formes du gérondif. Ajoute une ou deux lettres.

en serr_____nt	en alla_____	en pre_____ant
en écri_____ant	en met_____nt	en protég_____nt
en fa_____ant	en ve_____ant	en ch_____ntant

8. Le gérondif

Complète les phrases suivantes en ajoutant le gérondif qui convient.

a) (*aussprechen*) En ____________________ cette phrase, je me souviens des jours heureux!

b) (*sich verlieben*) En ____________________, Léo et Léa découvraient un monde nouveau.

c) (*ausfüllen*) En ____________________ ce papier, elle a rêvé aux vacances d'été.

d) (*begreifen*) En ____________________ que tout était fini, nous avons pleuré.

e) (*erarbeiten*) En ____________________ ce projet, vous éviterez une catastrophe.

f) (*wohnen*) En ____________________ en France, Awa est protégée par la loi.

Maintenant, traduis les phrases **c** et **d** en allemand.

c ____________________

____

d ____________________

____

9. Traduis en français.

a) Wir schützen die Natur.

____

____

a) Du wirst sie (= die Frau) nicht wiedererkennen (*futur simple*).

____

____

b) Ihr habt ihn nicht verteidigt?!

____

____

c) Sie vertiefen ihre Kenntnisse.

Ils ____

____

d) Wir haben ihn noch nicht überzeugt.

____

____

Die Lösungen zu den Übungen findest du auf den Seiten 60–61.

Module 2 – Au camping en Corse

TIPP

Lorsque deux verbes à un temps composé sont reliés par un même sujet, tu n'es pas obligé(e) de répéter l'auxiliaire. Exemple: Pierre **avait donné** rendez-vous à Marie et (il avait) **réservé** le restaurant.

Découvertes

Soyez les bienvenus! [bjɛ̃vəny]	Seien Sie willkommen!	unr.
se connecter à qc [səkɔnɛkte]	sich einloggen in	1
se coucher [kuʃe]	sich schlafen legen	1
monter qc [mɔ̃te]	etw. aufbauen	1
en entrant [ɑ̃nɑ̃tʀɑ̃]	beim Betreten	
J'y crois pas! *(fam.)* [ʒikʀwapa]	Ich glaub's nicht! *(ugs.)*	unr.
jeter qc [ʒəte]	etw. (weg-)werfen	2e
allumer qc [alyme]	etw. einschalten	1
déranger qn [deʀɑ̃ʒe]	jdn. stören	2f
déposer qc [depoze]	etw. abstellen; etw. deponieren	1
être à la disposition de qn [ɛtʀaladispozisjɔ̃]	jdm. zur Verfügung stehen	unr.
sembler [sɑ̃ble]	scheinen	1

Tâche au choix 1

mettre la main à la pâte *(fam.)* [mɛtʀəlamɛ̃alapat]	Hand anlegen *(ugs. = mithelfen)*	unr.
être responsable de qc/ de faire qc [ʀɛspɔ̃sabl]	verantwortlich seinfür etw.; zuständig sein für etw.	unr.
exprimer qc [ɛkspʀime]	etw. ausdrücken	1

Tâche au choix 2

guider qn [gide]	jdn. führen; jdn. lenken	1
aller en boîte *(fam.)* [aleɑ̃bwat]	in die Disco gehen *(ugs.)*	unr.
recharger qc [ʀəʃaʀʒe]	etw. aufladen	2f
télécharger qc [teleʃaʀʒe]	etw. herunterladen	2f
Ça me dit bien! [samədibjɛ̃] *(fam.)*	Darauf habe ich Lust!	

Tâche au choix 3

brancher qc sur qc [bʀɑ̃ʃe]	etw. an etw. anschließen	1
prêter qc à qn [pʀete]	jdm. etw. leihen	1
faire savoir qc à qn [fɛʀsavwaʀ]	jdm. etw. mitteilen	unr.

Tâche au choix 4

prêter qc à qn [pʀete]	jdm. etw. leihen	1
signaler qc à qn [siɲale]	jdn. auf etw. aufmerksam machen; jdn. auf etw. hinweisen	1

1. Ranger ce qui est dérangé.

Remets les lettres dansantes dans l'ordre et réécris le verbe avec les **accents**. Puis note **le temps** du verbe:
PR = présent, FS = futur simple, I = imparfait. (DE)

a) EGRASENDRA tu ______________________ = **FS**

b) TENTANOIM ils ______________________ _____

c) ONGREDESAN nous ______________________ _____

d) ETRIJATE je ______________________ _____

⇨

e) ZENDIAGRE vous ______________________ _____

f) BLESSEM tu ______________________ _____

g) RONZEMET vous ______________________ _____

Liste des verbes (à l'infinitif): *jeter déranger monter sembler*

2. Un sujet, deux verbes

Regarde le tuyau (*Tipp*), puis complète les phrases suivantes. (DE)

a) *Au passé composé:* Carla ______________________ (*deponieren*) son sac et ______________________ (*aufbauen*) la tente.

b) *Au futur simple:* Paul et Pauline ______________________ (*sich einloggen*) à Internet et ______________________ (schreiben) un commentaire.

c) *Au passé composé:* Tu ______________________ (*wegwerfen*) tes déchets la nuit et ______________________ (*stören*) tout le quartier!

3. Des phrases complètes

Relie chaque partie de phrase pour former une phrase complète.

Je ne vais pas	le problème.
Nous mettons tous	nos amis dans la nuit. Merci!
Il a téléchargé	la main à la pâte.
Vous avez guidé	un film. C'est interdit!
Il faut que	je recharge mon mobile.
J'ai signalé	en boîte ce soir.

4. Les mots cachés

Cherche les formes des verbes et écris-les avec leur pronom.

C	E	C	U	Y	C	B	U	I	P	O	J
A	O	P	M	O	R	O	N	T	O	S	E
S	L	N	O	V	U	I	T	E	S	E	T
E	S	U	N	I	G	U	I	D	E	S	T
M	O	V	T	E	N	D	R	A	R	T	E
B	B	E	I	N	C	M	X	I	O	H	R
L	I	N	E	E	E	T	I	O	N	S	E
E	S	T	Z	E	N	S	E	R	S	N	Z

____

____

____

____

____

5. Discours indirect

Transforme les phrases. Attention au temps!

a) «J'habite à Lyon.»
Elle **a dit** qu'elle _______________ à Lyon.

b) «Nous avons vu Clara.»
Ils **ont dit** qu'_______________ Clara.

c) «Nous irons au Canada.»
Elles **ont dit** qu'_______________ au Canada.

d) «Je vais aider ma sœur.»
Il **a dit** qu' _______________ sœur.

6. **Traduis les phrases suivantes.**

a) Wir laden diesen Film herunter.

b) Die beiden Mädchen gehen oft zur Disko.

c) Mist! Ich habe vergessen, mein Handy zu laden!

d) Seien Sie herzlich willkommen.

e) Nein, ich bin nicht mehr dafür verantwortlich.

f) Tu hast dieses Regal allein aufgebaut? Toll!

Die Lösungen zu den Übungen findest du auf den Seiten 61–63.

Module 3 – Culture et technique

Le verbe irrégulier **valoir** est très irrégulier:
il vaut / vaudra / vaudrait / valait mieux / il a mieux valu.
Ne confonds pas **valoir** (un seul «l») et **falloir** (deux «l»):

il vaut / valait mieux	il a mieux valu
il faut / fallait	il a fallu

Attention au «y» (i grec) du verbe **s'ennuyer**:
je m'ennuie – nous nous ennuyons – ils s'ennuient
(Imp.) nous nous ennuyions / (Subj.) que vous vous ennuyiez

Découvertes

exister [ɛgziste]	existieren; geben	1
publier qc [pyblije]	etw. veröffentlichen; etw. herausgeben	1
s'élever [seləve]	sich erheben; aufsteigen; ansteigen	2a
censurer qc [sɑ̃syʀe]	etw. zensieren	1
faire rire qn [fɛʀʀiʀ]	jdn. zum Lachen bringen	unr.
voler [vɔle]	fliegen	1

Atelier A

troubler qc/qn [tʀuble]	etw. trüben; jdn./etw. beeinträchtigen	1
indiquer qc [ɛ̃dike]	auf etw. hinweisen; etw. angeben	1
ruiner [ʀɥine]	ruinieren	1
vendre qc à qn [vɑ̃dʀ]	jdm. etw. verkaufen	3
louer qc [lwe]	etw. mieten; etw. vermieten	1
s'installer [sɛ̃stale]	sich niederlassen	1
s'ennuyer [sɑ̃nɥije]	sich langweilen	2d

être sûr/sûre de soi [ɛtʀəsyʀdəswa]	selbstsicher sein	unr.
rejoindre qn/qc [ʀəʒwɛ̃dʀ]	sich jdm./etw. anschließen	6
se plaindre de qn/qc [səplɛ̃dʀ]	sich über jdn./etw. beschweren/beklagen	6
s'amuser [samyze]	sich vergnügen; sich amüsieren	1
correspondre à qc [kɔʀɛspɔ̃dʀ]	etw. entsprechen	3
destiner qn/qc à faire qc [dɛstine]	jdn./etw. dazu bestimmen, etw. zu tun; jdn./etw. dafür vorsehen, etw. zu tun	1
se calmer [səkalme]	sich beruhigen	1
annuler qc [anyle]	etw. absagen	1
tuer qn [tɥe]	jdn. töten; jdn. umbringen	1
approcher [apʀɔʃe]	näher kommen	1
il vaut mieux faire qc [ilvomjø]	es ist besser, etw. zu tun	unr.
protester contre qc [pʀɔtɛste]	gegen etw. protestieren	1

Atelier B

construire qc [kɔ̃stʀɥiʀ]	etw. bauen; etw. konstruieren	unr.
décoller [dekɔle]	abfliegen; starten *(Flugzeug)*; abheben	1
rejoindre qn/qc [ʀəʒwɛ̃dʀ]	sich jdm./etw. anschließen; *hier:* etw. erreichen	6
apparaître [apaʀɛtʀ]	auftauchen; erscheinen	unr.
il vaut mieux [ilvomjø]	es ist besser, etw. zu tun	unr.
craindre qn/qc [kʀɛ̃dʀ]	jdn./etw. fürchten	6
tuer qn [tɥe]	jdn. töten; jdn. umbringen	1

distinguer qc (de qc) [distɛ̃ge]	etw. (von etw.) unterscheiden	1
atteindre qc [atɛ̃dʀ]	etw. erreichen	6
correspondre à qc [kɔʀɛspɔ̃dʀ]	etw. entsprechen	3
peser [pəze]	wiegen	2a
constituer qc [kɔ̃stitɥe]	etw. bilden	1
consommer qc [kɔ̃sɔme]	etw. verbrauchen; etw. konsumieren	1

1. Jeu de syllabes

Cherche les formes des verbes et écris-les avec leur pronom.

Exemple: **s'en + nuie** – il/elle/on s'ennuie (DE–A1)

pu – s'ins – ven – trou – **s'en** – blies
dez – le – rui – ne – tal – ront – loue – **nuie** – ras
su – dras – ven – ront – blait – cen – re

____

____

____

2. Ah! Ce futur antérieur!

Complète au futur antérieur (FA) ou futur simple (FS). (A)

a) Quand on ______________________ (*annuler, FA*)
ce concours, Laura ______________ (*être, FS*) contente.

b) Quand vous ______________________ (*finir, FA*)
de ranger, nous ______________________ (*manger, FS*).

c) Quand tu ______________________ (*se calmer, FA*),
nous ______________________ (*pouvoir, FS*) travailler.

TIPP

faire rire → Où mettre l'objet?
La place du complément d'objet change s'il s'agit d'un nom ou un pronom: le nom **après** «rire», le pronom **avant** la forme conjuguée.
Cécile fait rire **Mathieu.** Elle **le** fait rire.

3. Je te rejoins!

Complète les phrases suivantes. Puis réécris la phrase en remplaçant le complément d'objet par le pronom. (DE-A)

Exemple: Je *rejoins* Pierre. *Je le rejoins.*

a) *sich jdm. anschließen – présent:*

Nous ______________________________ les filles.

Nous ______________________________.

b) *etwas verkaufen – passé composé:*

Vous ______________________________ vos livres?

Vous ______________________________?

c) *jdn. zum Lachen bringen – futur simple:*

Luc ______________ toujours ______________ Céline.

Luc ______________ toujours ______________.

d) *ruinieren – passé composé*

Jeanne ______________________________ sa santé.

Jeanne ______________________________.

4. Familles de mots

Cherche le verbe qui correspond au mot indiqué. (B)

a) le vol: ______________________

b) le correspondant: ______________________

c) la construction: ______________________

d) l'inventeur: ______________________

5. Méli-mélo

Retrouve le verbe conjugué, réécris-le à l'aide du temps employé.

a) DRENVONS *(futur simple)* nous ______________________

b) SEMMONCOS *(présent)* tu ______________________

c) SISTUICORNAR *(imparfait)* je ______________________

d) RITEAUT *(conditionnel présent)* il ______________________

e) NURALANE *(futur simple)* elle ______________________

6. Traduis les phrases suivantes.

a) Dieses Auto verbraucht zu viel Treibstoff.

b) Seine Noten entsprechen nicht seinen Kenntnissen.

c) Plötzlich bist du aufgetaucht.

d) Es ist besser, die Äpfel erst zu wiegen.

e) Ich langweile mich so, Mama!

Die Lösungen zu den Übungen findest du auf Seite 63.

Bonnes vacances!

Regelmäßige Verben – Les verbes réguliers

Die Bildung der verschiedenen Zeiten:

Imparfait	Stamm der 1. Person Plural Präsens (***nous*-Form**) + Endungen: *-ais, -ais, -ait, -ions, -iez, -aient* *je faisais – nous pouvions – elles dormaient*
Futur simple	**Infinitiv** + Endungen: *-ai, -as, -a, -ons, -ez, -ont* (vgl. *avoir*-Formen) Die Endungen werden an das -r- des Infinitivs gehängt. *tu prendras – vous attendrez – elles partiront*
Conditionnel présent	**Infinitiv** + Endungen wie im Imparfait Die Endungen werden an das -r- des Infinitivs gehängt. *elle aimerait – nous sortirions – ils mangeraient*
Subjonctif	für die Singularformen: Stamm der 3. Person Plural Präsens (***ils*-Form**) + Endungen: *-e, -es, -e* nous-/vous-Formen identisch mit Imparfait ils-/elles-Formen identisch mit Présent *que je lise – que tu mettes – que vous veniez – qu'ils aident*

Typ 1: Die Verben auf *–er*

Infinitiv **Impératif**		**Présent**	**Imparfait**	**Futur simple**	**Conditionnel présent**	**Subjonctif**	**Passé composé** **Passé simple**
1	je	cherche	cherchais	chercherai	chercherais	cherche	j'ai cherché
chercher	tu	cherches	cherchais	chercheras	chercherais	cherches	
suchen	il	cherche	cherchait	cherchera	chercherait	cherche	
	nous	cherchons	cherchions	chercherons	chercherions	cherchions	il chercha
Cherche.	vous	cherchez	cherchiez	chercherez	chercheriez	cherchiez	ils cherchèrent
Cherchons.	ils	cherchent	cherchaient	chercheront	chercheraient	cherchent	
Cherchez.							

Beachte: Aus dieser Verbgruppe bilden einige Verben das **Passé composé** mit ***être***:
arriver* (ankommen), **entrer*** (eintreten), **rentrer*** (zurückkehren), **monter*** (hinauf-, einsteigen), **rester*** (bleiben), **retourner*** (umkehren), **passer*** (vorbeigehen/-fahren/-kommen), **tomber*** (fallen).

* Dieses Verb bildet das **Passé composé** mit ***être***.

Typ 2: Die Verben auf *–er* mit Besonderheiten

Infinitiv Impératif		Présent	Imparfait	Futur simple	Conditionnel présent	Subjonctif	Passé composé Passé simple
2a	j'	ach**è**te	achetais	achèterai	achèterais	achète	j'ai acheté
acheter	tu	achètes	achetais	achèteras	achèterais	achètes	
	il	achète	achetait	achètera	achèterait	achète	
kaufen	nous	ach**e**tons	achetions	achèterons	achèterions	achetions	il acheta
Achète.	vous	achetez	achetiez	achèterez	achèteriez	achetiez	ils achetèrent
Achetons.	ils	achètent	achetaient	achèteront	achèteraient	achètent	
Achetez.							

Ebenso: **se lever*** (aufstehen), **se promener*** (spazieren gehen)

Infinitiv Impératif		Présent	Imparfait	Futur simple	Conditionnel présent	Subjonctif	Passé composé Passé simple
2b	je	rép**è**te	répétais	répèterai	répèterais	répète	j'ai répété
répéter	tu	répètes	répétais	répèteras	répèterais	répètes	
	il	répète	répétait	répètera	répèterait	répète	
wiederholen	nous	rép**é**tons	répétions	répèterons	répèterions	répétions	il répéta
Répète.	vous	répétez	répétiez	répèterez	répèteriez	répétiez	ils répétèrent
Répétons.	ils	répètent	répétaient	répèteront	répèteraient	répètent	
Répétez.							

Ebenso: **compléter** (vervollständigen), **espérer** (hoffen), **préférer** (vorziehen, lieber mögen)

* Dieses Verb bildet das **Passé composé** mit ***être***.

Infinitiv Impératif		Présent	Imparfait	Futur simple	Conditionnel présent	Subjonctif	Passé composé Passé simple
2c	j'	appe**ll**e	appelais	appellerai	appellerais	appelle	j'ai appelé
appeler	tu	appelles	appelais	appelleras	appellerais	appelles	
(an-)rufen	il	appelle	appelait	appellera	appellerait	appelle	
	nous	appe**l**ons	appelions	appellerons	appellerions	appelions	il appela
Appelle.	vous	appelez	appeliez	appellerez	appelleriez	appeliez	ils appelèrent
Appelons.	ils	appellent	appelaient	appelleront	appelleraient	appellent	
Appelez.							

Ebenso: **s'appeler*** (heißen), **se rappeler*** (sich erinnern)

Infinitiv Impératif		Présent	Imparfait	Futur simple	Conditionnel présent	Subjonctif	Passé composé Passé simple
2d	je	pa**i**e	payais	paierai	paierais	paie	j'ai payé
payer	tu	paies	payais	paieras	paierais	paies	
kaufen	il	paie	payait	paiera	paierait	paie	
	nous	pa**y**ons	payions	paierons	paierions	payions	il paya
Paie.	vous	payez	payiez	paierez	paieriez	payiez	ils payèrent
Payons.	ils	paient	payaient	paieront	paieraient	paient	
Payez.							

Ebenso: **envoyer** (schicken), **essayer** (versuchen)

* Dieses Verb bildet das **Passé composé** mit ***être***.

2e	je	lance	lançais	lancerai	lancerais	lance	j'ai lancé
lancer	tu	lances	lançais	lanceras	lancerais	lances	
werfen	il	lance	lançait	lancera	lancerait	lance	
Lance.	nous	lan**ç**ons	lancions	lancerons	lancerions	lancions	il lança
Lançons.	vous	lancez	lanciez	lancerez	lanceriez	lanciez	ils lancèrent
Lancez.	ils	lancent	lançaient	lanceront	lanceraient	lancent	

Ebenso: **avancer** (vorankommen), **commencer** (anfangen, beginnen), **dénoncer** (verraten), **remplacer** (ersetzen)

2f	je	mange	mangeais	mangerai	mangerais	mange	j'ai mangé
manger	tu	manges	mangeais	mangeras	mangerais	manges	
essen	il	mange	mangeait	mangera	mangerait	mange	
Mange.	nous	mang**e**ons	mangions	mangerons	mangerions	mangions	il mangea
Mangeons.	vous	mangez	mangiez	mangerez	mangeriez	mangiez	ils mangèrent
Mangez.	ils	mangent	mangeaient	mangeront	mangeraient	mangent	

Ebenso: **bouger** (sich bewegen), **changer** (wechseln), **déménager** (umziehen), **encourager** (ermutigen), **nager** (schwimmen), **ranger** (aufräumen), **voyager** (reisen)

Typ 3: Die Verben auf *-dre*

3	je	réponds	répondais	répondrai	répondrais	réponde	j'ai répondu
répondre	tu	réponds	répondais	répondras	répondrais	répondes	
antworten	il	répond	répondait	répondra	répondrait	réponde	
Réponds.	nous	répondons	répondions	répondrons	répondrions	répondions	il répondit
Répondons.	vous	répondez	répondiez	répondrez	répondriez	répondiez	ils répondirent
Répondez.	ils	répondent	répondaient	répondront	répondraient	répondent	

Ebenso: **attendre** (warten), **descendre*** (hinuntergehen, aussteigen), **entendre** (hören), **perdre** (verlieren), **rendre** (zurückgeben)

Typ 4: Die Verben auf *-ir* (Gruppe *dormir*)

Infinitiv Impératif		**Présent**	**Imparfait**	**Futur simple**	**Conditionnel présent**	**Subjonctif**	**Passé composé Passé simple**
4	je	dors	dormais	dormirai	dormirais	dorme	j'ai dormi
dormir	tu	dors	dormais	dormiras	dormirais	dormes	
schlafen	il	dort	dormait	dormira	dormirait	dorme	
Dors.	nous	dormons	dormions	dormirons	dormirions	dormions	il dormit
Dormons.	vous	dormez	dormiez	dormirez	dormiriez	dormiez	ils dormirent
Dormez.	ils	dorment	dormaient	dormiront	dormiraient	dorment	

Ebenso: **mentir** (lügen), **partir*** (weggehen, abfahren), **sentir** (fühlen, riechen), **servir** (dienen, nützlich sein), **sortir*** (hinausgehen, ausgehen)

Typ 5: Die Verben auf *-ir* (Gruppe *choisir*)

5	je	choisis	choisissais	choisirai	choisirais	choisisse	j'ai choisi
choisir	tu	choisis	choisissais	choisiras	choisirais	choisisses	
(aus-)	il	choisit	choisissait	choisira	choisirait	choisisse	
wählen	nous	choisissons	choisissions	choisirons	choisirions	choisissions	il choisit
Choisis.	vous	choisissez	choisissiez	choisirez	choisiriez	choisissiez	ils choisirent
Choisissons.	ils	choisissent	choisissaient	choisiront	choisiraient	choisissent	
Choisissez.							

Ebenso: **finir** (beenden, aufhören), **réfléchir** (überlegen), **réussir** (gelingen)

* Dieses Verb bildet das **Passé composé** mit ***être***.

Typ 6: Die Verben auf –*indre*

Infinitiv Impératif		**Présent**	**Imparfait**	**Futur simple**	**Conditionnel présent**	**Subjonctif**	**Passé composé Passé simple**
6	j'	éteins	éteignais	éteindrai	éteindrais	éteigne	j'ai éteint
éteindre	tu	éteins	éteignais	éteindras	éteindrais	éteignes	
ausmachen	il	éteint	éteignait	éteindra	éteindrait	éteigne	
löschen	nous	éteignons	éteignions	éteindrons	éteindrions	éteignions	il éteignit
Eteins.	vous	éteignez	éteigniez	éteindrez	éteindriez	éteigniez	ils éteignirent
Eteignons.	ils	éteignent	éteignaient	éteindront	éteindraient	éteignent	
Eteignez.							

Ebenso: **atteindre** (erreichen), **craindre** (fürchten), **joindre** (beifügen), **se plaindre*** (sich beklagen, sich beschweren)

* Dieses Verb bildet das **Passé composé** mit ***être***.

Unregelmäßige Verben – Les verbes irréguliers

Infinitiv Impératif		Présent	Imparfait	Futur simple	Conditionnel présent	Subjonctif	Passé composé Passé simple
accueillir	j'	accueille	accueillais	accueillerai	accueillerais	accueille	j'ai accueilli
empfangen	tu	accueilles	accueillais	accueilleras	accueillerais	accueilles	
	il	accueille	accueillait	accueillera	accueillerait	accueille	
Accueille.	nous	accueillons	accueillions	accueillerons	accueillerions	accueillions	
Accueillons.	vous	accueillez	accueilliez	accueillerez	accueilleriez	accueilliez	il accueillit
Accueillez.	ils	accueillent	accueillaient	accueilleront	accueilleraient	accueillent	ils accueillirent

Dieses Verb ist kein Lernwortschatz.

aller	je/j'	vais	allais	irai	irais	aille	je suis allé(e)
gehen	tu	vas	allais	iras	irais	ailles	
	il	va	allait	ira	irait	aille	
Va.	nous	allons	allions	irons	irions	allions	
Allons.	vous	allez	alliez	irez	iriez	alliez	il alla
Allez.	ils	vont	allaient	iront	iraient	aillent	ils allèrent

s'asseoir	je	m'assois	m'asseyais	m'assiérai	m'assiérais	m'asseye	je me suis
sich setzen	tu	t'assois	t'asseyais	t'assiéras	t'assiérais	t'asseyes	assis(e)
	il	s'assoit	s'asseyait	s'assiéra	s'assiérait	s'asseye	
Assieds-toi.	nous	nous asseyons	nous asseyions	nous assiérons	nous assiérions	nous asseyions	
Asseyons-nous.	vous	vous asseyez	vous asseyiez	vous assiérez	vous assiériez	vous asseyiez	il s'assit
Asseyez-vous.	ils	s'assoient	s'asseyaient	s'assiéront	s'assiéraient	s'asseyent	ils s'assirent

avoir	j'	ai	avais	aurai	aurais	aie	j'ai eu
haben	tu	as	avais	auras	aurais	aies	
	il	a	avait	aura	aurait	ait	
Aie.	nous	avons	avions	aurons	aurions	ayons	
Ayons.	vous	avez	aviez	aurez	auriez	ayez	il eut
Ayez.	ils	ont	avaient	auront	auraient	aient	ils eurent

battre	je	bats	battais	battrai	battrais	batte	j'ai battu
schlagen	tu	bats	battais	battras	battrais	battes	
	il	bat	battait	battra	battrait	batte	
Bats.	nous	battons	battions	battrons	battrions	battions	
Battons.	vous	battez	battiez	battrez	battriez	battiez	il battit
Battez.	ils	battent	battaient	battront	battraient	battent	ils battirent

Infinitiv Impératif		Présent	Imparfait	Futur simple	Conditionnel présent	Subjonctif	Passé composé Passé simple
boire	je	bois	buvais	boirai	boirais	boive	j'ai bu
trinken	tu	bois	buvais	boiras	boirais	boives	
	il	boit	buvait	boira	boirait	boive	
Bois.	nous	buvons	buvions	boirons	boirions	buvions	
Buvons.	vous	buvez	buviez	boirez	boiriez	buviez	il but
Buvez.	ils	boivent	buvaient	boiront	boiraient	boivent	ils burent

connaître	je	connais	connaissais	connaîtrai	connaîtrais	connaisse	j'ai connu
kennen	tu	connais	connaissais	connaîtras	connaîtrais	connaisses	
	il	connaît	connaissait	connaîtra	connaîtrait	connaisse	
	nous	connaissons	connaissions	connaîtrons	connaîtrions	connaissions	
	vous	connaissez	connaissiez	connaîtrez	connaîtriez	connaissiez	il connut
	ils	connaissent	connaissaient	connaîtront	connaîtraient	connaissent	ils connurent

Ebenso: **paraître** (scheinen, erscheinen), **disparaître** (verschwinden)

construire	je	construis	construisais	construirai	construirais	construise	j'ai construit
bauen	tu	construis	construisais	construiras	construirais	construises	
	il	construit	construisait	construira	construirait	construise	
Construis.	nous	construisons	construisions	construirons	construirions	construisions	
Construisons.	vous	construisez	construisiez	construirez	construiriez	construisiez	il construisit
Construisez.	ils	construisent	construisaient	construiront	construiraient	construisent	ils construisirent

Ebenso: **conduire** (fahren, lenken), **détruire** (zerstören), **traduire** (übersetzen)

courir	je	cours	courais	courrai	courrais	coure	j'ai couru
laufen	tu	cours	courais	courras	courrais	coures	
	il	court	courait	courra	courrait	coure	
Cours.	nous	courons	courions	courrons	courrions	courions	
Courons.	vous	courez	couriez	courrez	courriez	couriez	il courut
Courez.	ils	courent	couraient	courront	courraient	courent	ils coururent

croire	je	crois	croyais	croirai	croirais	croie	j'ai cru
glauben	tu	crois	croyais	croiras	croirais	croies	
	il	croit	croyait	croira	croirait	croie	
Crois.	nous	croyons	croyions	croirons	croirions	croyions	
Croyons.	vous	croyez	croyiez	croirez	croiriez	croyiez	il crut
Croyez.	ils	croient	croyaient	croiront	croiraient	croient	ils crurent

Infinitiv Impératif		Présent	Imparfait	Futur simple	Conditionnel présent	Subjonctif	Passé composé Passé simple
devoir	je	dois	devais	devrai	devrais	doive	j'ai dû
sollen,	tu	dois	devais	devras	devrais	doives	
müssen	il	doit	devait	devra	devrait	doive	
	nous	devons	devions	devrons	devrions	devions	
	vous	devez	deviez	devrez	devriez	deviez	il dut
	ils	doivent	devaient	devront	devraient	doivent	ils durent

dire	je	dis	disais	dirai	dirais	dise	j'ai dit
sagen	tu	dis	disais	diras	dirais	dises	
	il	dit	disait	dira	dirait	dise	
Dis.	nous	disons	disions	dirons	dirions	disions	
Disons.	vous	dites	disiez	direz	diriez	disiez	il dit
Dites.	ils	disent	disaient	diront	diraient	disent	ils dirent

écrire	j'	écris	écrivais	écrirai	écrirais	écrive	j'ai écrit
schreiben	tu	écris	écrivais	écriras	écrirais	écrives	
	il	écrit	écrivait	écrira	écrirait	écrive	
Ecris.	nous	écrivons	écrivions	écrirons	écririons	écrivions	
Ecrivons.	vous	écrivez	écriviez	écrirez	écririez	écriviez	il écrivit
Ecrivez.	ils	écrivent	écrivaient	écriront	écriraient	écrivent	ils écrivirent

Ebenso: **décrire** (beschreiben)

envoyer	j'	envoie	envoyais	enverrai	enverrais	envoie	j'ai envoyé
schicken	tu	envoies	envoyais	enverras	enverrais	envoies	
	il	envoie	envoyait	enverra	enverrait	envoie	
Envoie …	nous	envoyons	envoyions	enverrons	enverrions	envoyions	
Envoyons …	vous	envoyez	envoyiez	enverrez	enverriez	envoyiez	il envoya
Envoyez …	ils	envoient	envoyaient	enverront	enverraient	envoient	ils envoyèrent

être	je/j'	suis	étais	serai	serais	sois	j'ai été
sein	tu	es	étais	seras	serais	sois	
	il	est	était	sera	serait	soit	
Sois …	nous	sommes	étions	serons	serions	soyons	
Soyons …	vous	êtes	étiez	serez	seriez	soyez	il fut
Soyez …	ils	sont	étaient	seront	seraient	soient	ils furent

faire	je	fais	faisais	ferai	ferais	fasse	j'ai fait
machen	tu	fais	faisais	feras	ferais	fasses	
	il	fait	faisait	fera	ferait	fasse	
Fais.	nous	faisons	faisions	ferons	ferions	fassions	
Faisons.	vous	faites	faisiez	ferez	feriez	fassiez	il fit
Faites.	ils	font	faisaient	feront	feraient	fassent	ils firent

Infinitiv Impératif		Présent	Imparfait	Futur simple	Conditionnel présent	Subjonctif	Passé composé Passé simple
falloir müssen	il	faut	fallait	faudra	faudrait	faille	il a fallu il fallut

Infinitiv Impératif		Présent	Imparfait	Futur simple	Conditionnel présent	Subjonctif	Passé composé Passé simple
fuir	je	fuis	fuyais	fuirai	fuirais	fuie	j'ai fui
fliehen	tu	fuis	fuyais	fuiras	fuirais	fuies	
	il	fuit	fuyait	fuira	fuirait	fuie	
Fuis.	nous	fuyons	fuyions	fuirons	fuirions	fuyions	
Fuyons.	vous	fuyez	fuyiez	fuirez	fuiriez	fuyiez	il fuit
Fuyez.	ils	fuient	fuyaient	fuiront	fuiraient	fuient	ils fuirent

Infinitiv Impératif		Présent	Imparfait	Futur simple	Conditionnel présent	Subjonctif	Passé composé Passé simple
lire	je	lis	lisais	lirai	lirais	lise	j'ai lu
lesen	tu	lis	lisais	liras	lirais	lises	
	il	lit	lisait	lira	lirait	lise	
Lis.	nous	lisons	lisions	lirons	lirions	lisions	
Lisons.	vous	lisez	lisiez	lirez	liriez	lisiez	il lut
Lisez.	ils	lisent	lisaient	liront	liraient	lisent	ils lurent

mettre	je	mets	mettais	mettrai	mettrais	mette	j'ai mis
setzen,	tu	mets	mettais	mettras	mettrais	mettes	
stellen,	il	met	mettait	mettra	mettrait	mette	
legen	nous	mettons	mettions	mettrons	mettrions	mettions	
Mets.	vous	mettez	mettiez	mettrez	mettriez	mettiez	il mit
Mettons.	ils	mettent	mettaient	mettront	mettraient	mettent	ils mirent
Mettez.							

Ebenso: **permettre** (erlauben)

mourir	je	meurs	mourais	mourrai	mourrais	meure	je suis mort(e)
sterben	tu	meurs	mourais	mourras	mourrais	meures	
	il	meurt	mourait	mourra	mourrait	meure	
Meurs.	nous	mourons	mourions	mourrons	mourrions	mourions	
Mourons.	vous	mourez	mouriez	mourrez	mourriez	mouriez	il mourut
Mourez.	ils	meurent	mouraient	mourront	mourraient	meurent	ils moururent

ouvrir	j'	ouvre	ouvrais	ouvrirai	ouvrirais	ouvre	j'ai ouvert
öffnen	tu	ouvres	ouvrais	ouvriras	ouvrirais	ouvres	
	il	ouvre	ouvrait	ouvrira	ouvrirait	ouvre	
Ouvre.	nous	ouvrons	ouvrions	ouvrirons	ouvririons	ouvrions	
Ouvrons.	vous	ouvrez	ouvriez	ouvrirez	ouvririez	ouvriez	il ouvrit
Ouvrez.	ils	ouvrent	ouvraient	ouvriront	ouvriraient	ouvrent	ils ouvrirent

Ebenso: **découvrir** (entdecken), **offrir** (anbieten)

Infinitiv Impératif		Présent	Imparfait	Futur simple	Conditionnel présent	Subjonctif	Passé composé Passé simple
plaire	je	plais	plaisais	plairai	plairais	plaise	j'ai plu
gefallen	tu	plais	plaisais	plairas	plairais	plaises	
	il	plaît	plaisait	plaira	plairait	plaise	
Plais.	nous	plaisons	plaisions	plairons	plairions	plaisions	
Plaisons.	vous	plaisez	plaisiez	plairez	plairiez	plaisiez	il plut
Plaisez.	ils	plaisent	plaisaient	plairont	plairaient	plaisent	ils plurent
pleuvoir	il	pleut	pleuvait	pleuvra	pleuvrait	pleuve	il a plu
regnen							
							il plut
pouvoir	je	peux	pouvais	pourrai	pourrais	puisse	j'ai pu
können	tu	peux	pouvais	pourras	pourrais	puisses	
	il	peut	pouvait	pourra	pourrait	puisse	
	nous	pouvons	pouvions	pourrons	pourrions	puissions	
	vous	pouvez	pouviez	pourrez	pourriez	puissiez	il put
	ils	peuvent	pouvaient	pourront	pourraient	puissent	ils purent

prendre	je	prends	prenais	prendrai	prendrais	prenne	j'ai pris
nehmen	tu	prends	prenais	prendras	prendrais	prennes	
	il	prend	prenait	prendra	prendrait	prenne	
Prends.	nous	prenons	prenions	prendrons	prendrions	prenions	
Prenons.	vous	prenez	preniez	prendrez	prendriez	preniez	il prit
Prenez.	ils	prennent	prenaient	prendront	prendraient	prennent	ils prirent

Ebenso: **apprendre** (lernen), **comprendre** (verstehen), **reprendre** (noch einmal nehmen)

recevoir	je	reçois	recevais	recevrai	recevrais	reçoive	j'ai reçu
erhalten	tu	reçois	recevais	recevras	recevrais	reçoives	
	il	reçoit	recevait	recevra	recevrait	reçoive	
Reçois.	nous	recevons	recevions	recevrons	recevrions	recevions	
Recevons.	vous	recevez	receviez	recevrez	recevriez	receviez	il reçut
Recevez.	ils	reçoivent	recevaient	recevront	recevraient	reçoivent	ils reçurent

rire	je	ris	riais	rirai	rirais	rie	j'ai ri
lachen	tu	ris	riais	riras	rirais	ries	
	il	rit	riait	rira	rirait	rie	
Ris.	nous	rions	riions	rirons	ririons	riions	
Rions.	vous	riez	riiez	rirez	ririez	riiez	il rit
Riez.	ils	rient	riaient	riront	riraient	rient	ils rirent

Ebenso: **sourire** (lächeln)

Infinitiv Impératif		Présent	Imparfait	Futur simple	Conditionnel présent	Subjonctif	Passé composé Passé simple
savoir	je	sais	savais	saurai	saurais	sache	j'ai su
wissen	tu	sais	savais	sauras	saurais	saches	
	il	sait	savait	saura	saurait	sache	
Sache.	nous	savons	savions	saurons	saurions	sachions	
Sachons.	vous	savez	saviez	saurez	sauriez	sachiez	il sut
Sachez.	ils	savent	savaient	sauront	sauraient	sachent	ils surent
suffire	je	suffis	suffisais	suffirai	suffirais	suffise	j'ai suffi
genügen	tu	suffis	suffisais	suffiras	suffirais	suffises	
	il	suffit	suffisait	suffira	suffirait	suffise	
Suffis.	nous	suffisons	suffisions	suffirons	suffirions	suffisions	
Suffisons.	vous	suffisez	suffisiez	suffirez	suffiriez	suffisiez	il suffit
Suffisez.	ils	suffisent	suffisaient	suffiront	suffiraient	suffisent	ils suffirent
suivre	je	suis	suivais	suivrai	suivrais	suive	j'ai suivi
folgen	tu	suis	suivais	suivras	suivrais	suives	
	il	suit	suivait	suivra	suivrait	suive	
Suis.	nous	suivons	suivions	suivrons	suivrions	suivions	
Suivons.	vous	suivez	suiviez	suivrez	suivriez	suiviez	il suivit
Suivez.	ils	suivent	suivaient	suivront	suivraient	suivent	ils suivirent

vaincre	je	vaincs	vainquais	vaincrai	vaincrais	vainque	j'ai vaincu
besiegen	tu	vaincs	vainquais	vaincras	vaincrais	vainques	
	il	vainc	vainquait	vaincra	vaincrait	vainque	
Vaincs.	nous	vainquons	vainquions	vaincrons	vaincrions	vainquions	
Vainquons.	vous	vainquez	vainquiez	vaincrez	vaincriez	vainquiez	il vainquit
Vainquez.	ils	vainquent	vainquaient	vaincront	vaincraient	vainquent	ils vainquirent

Ebenso: **convaincre** (überzeugen)

venir	je	viens	venais	viendrai	viendrais	vienne	je suis venu(e)
kommen	tu	viens	venais	viendras	viendrais	viennes	
	il	vient	venait	viendra	viendrait	vienne	
Viens.	nous	venons	venions	viendrons	viendrions	venions	
Venons.	vous	venez	veniez	viendrez	viendriez	veniez	il vint
Venez.	ils	viennent	venaient	viendront	viendraient	viennent	ils vinrent

Ebenso: **devenir*** (werden), **revenir*** (wiederkommen), **tenir** (halten)

* Dieses Verb bildet das **Passé composé** mit ***être***.

Infinitiv Impératif		Présent	Imparfait	Futur simple	Conditionnel présent	Subjonctif	Passé composé Passé simple
vivre	je	vis	vivais	vivrai	vivrais	vive	j'ai vécu
leben	tu	vis	vivais	vivras	vivrais	vives	
	il	vit	vivait	vivra	vivrait	vive	
Vis.	nous	vivons	vivions	vivrons	vivrions	vivions	
Vivons.	vous	vivez	viviez	vivrez	vivriez	viviez	il vécut
Vivez.	ils	vivent	vivaient	vivront	vivraient	vivent	ils vécurent

voir	je	vois	voyais	verrai	verrais	voie	j'ai vu
sehen	tu	vois	voyais	verras	verrais	voies	
	il	voit	voyait	verra	verrait	voie	
Vois …	nous	voyons	voyions	verrons	verrions	voyions	
Voyons …	vous	voyez	voyiez	verrez	verriez	voyiez	il vit
Voyez …	ils	voient	voyaient	verront	verraient	voient	ils virent

Ebenso: **revoir** (wiedersehen)

vouloir	je	veux	voulais	voudrai	voudrais	veuille	j'ai voulu
wollen	tu	veux	voulais	voudras	voudrais	veuilles	
	il	veut	voulait	voudra	voudrait	veuille	
Veuille …	nous	voulons	voulions	voudrons	voudrions	voulions	
Veuillez …	vous	voulez	vouliez	voudrez	voudriez	vouliez	il voulut
	ils	veulent	voulaient	voudront	voudraient	veuillent	ils voulurent

Unité 1 – La France en fête

1. **a** (tu) te rappelles; **b** (elles) ne s'étaient pas souvenues; **c** (il) se souviendra; **d** (vous) vous êtes souvenus; **e** (nous) ne nous rappelons plus

2. durer, renseigner, marcher, réserver

3. **a** Quand Charlotte s'était promenée, elle devait rentrer tout de suite à la maison. **b** Elle n'avait pas donné rendez-vous à son ami. **c** Elle ne s'était pas promenée dans le quartier. **d** Elle avait marché toute seule dans la forêt. **e** Et qu'elle était bien rentrée à la maison! **f** Charlotte avait menti.

4. **2-c** Bonjour, madame. Oui, madame, je m'**adresse** à vous. **1-d Pourriez**-vous nous aider, s'il vous plaît? **6-e** Nous marchons depuis deux heures. **7-a** Mon ami et moi avons **besoin** d'un renseignement. **5-b** Il s'**agit** d'une adresse. **4-f** Nous ne nous **souvenons** plus de la rue du Festival. **3-g** Elle est devant nous? Ah, merci, madame. Au revoir, madame.

5. **a** Lis-le. **b** Réservez-les. **c** Je ne lui donne pas rendez-vous.

6. **a** Ça dure trop longtemps. **b** Le festival n'aura pas lieu cette année. **c** Tu n'as pas besoin d'avoir peur. **d** Tu peux nous réserver cinq billets? **e** Nous nous sommes adressés à nos professeurs. **f** Il s'est renseigné sur toi!

Unité 2 – Un séjour à l'étranger? – Avec plaisir.

1.

V	E	C	U			B			D		
		P			F	O	N	T	I		O
P	L	E	U	V	A	I	T	E	T	E	U
		U				T	E	T	E	S	V
		V	I	E	N	D	R	A	S		E
		E						I			R
		N						S	A	I	T
		T	I	E	N	S	I	R	O	N	S

présent: ils/elles peuvent; je/tu tiens; je/tu viens; vous dites; j'ai; tu as; il/elle/on sait; vous êtes; tu es; il/elle/on est; ils/elles font; il/elle/on boit; il/elle/on va;
futur simple: il/elle/on viendra; tu viendras; nous irons;
imparfait: il pleuvait; j'/tu étais
participe passé: eu (avoir); mis (mettre); su (savoir); été (être); dû (devoir); vécu (vivre); ouvert (ouvrir); venu (venir); bu (boire); ri (rire)

2. **a** Nous nous sommes inscrites à l'Institut de la Forêt. Là, nous allons nous engager pour sauver les forêts.
b Nous venons avec vous, les filles!
e Un détail: l'Institut de la Forêt se trouve en Amérique …

3. Mon père ne **sera** plus au chômage. Il **signera** son contrat demain. Il **avait posé** sa candidature pour un poste à Montpellier.
La semaine dernière, il **a passé** deux entretiens d'embauche.

Et heureusement, c'est un succès.

4. **a** Assieds-toi! **b** Elle s'asseoit. **c** Je m'assiérai. **d** Vous vous êtes assises? **e** Nous nous asseyons.

5. Luc: J'**aurais souhaité** être médecin!
Lisa: … Tu en **serais** capable!
Luc: D'accord: j'**aimerais** bien être médecin.
Lisa: … Tu penses que tu t**e tromperais** à l'examen?
Luc: Non, je ne **tiendrais** pas le rythme. Je crois que je ne **pourrais** pas, c'est tout.
Lisa: Je t'**aiderais**, si tu le voulais!

6. **a** La faculté se trouvait au centre de Munich.
b Cela ne me gêne pas du tout.
c Où vas-tu t'inscrire? / Où est-ce que tu vas t'inscrire?
d Je t'en prie!
e Laura s'est beaucoup engagée pour nous.
f Qui va t'accompagner?

Unité 3 – France – Allemagne: quelle histoire!

1. **a** coop**é**rer, je coop**è**re, vous coop**é**rez; **b** r**é**gler, tu r**è**gles, nous r**é**glons; **c** se ba**tt**re, je me ba**ts**, ils se ba**tt**ent; **d** dire, nous disons, vous di**tes**; **e** interdire, j'interdis, vous interdi**sez**

2. **a** (que vous) achetiez; **b** (que tu) ailles; **c** (que je) prenne; **d** (que je) sois; **e** (que nous) fassions; **f** (que tu) viennes

3. **a** convaincre; **b** (j') ai vaincu; **c** (nous) vaincrons; **d** (ils) convainquent; **e** convaincu

4. **a** Avant de signer, lis tout le texte. **b** Après avoir nagé, je travaille mieux. **c** Avant d'aller au lit, fermez la porte, s'il vous plaît. **d** Après avoir mangé, Paul aidera sa sœur.

5.

F	I	N	I	S	S	E		D	S
A	P	A	R	T	E			O	O
S			A	I	L	L	E	R	R
S	P	R	E	N	N	E		M	T
E	M	E	T	T	E	I	L	E	E

(*waagerecht*) que je finisse, parte, aille, prenne, mette
(*senkrecht*) fasse, dorme, sorte

6. **a** Embrassez-vous. **b** Les petites filles se tiennent par la main. **c** Il faut que nous surveillions les travaux. / Nous devons surveiller les travaux. **d** Pourquoi est-ce que vous nous interdisez de travailler ensemble?

Module 1 – France aller – retour

1. **a** nous ju**ge**ons (1); **b** je parta**ge**ais (2); **c** tu parta**ge**rais (4); **d** nous pronon**ç**ons (1); **e** elle ju**ge**ait (2); **f** je m'enga**ge**rai (3); **g** il pronon**ç**ait (2); **h** elles parta**ge**ront (3)

2. **a** (que tu) remplisses; **b** (que nous) partions; **c** (que tu ne) grandisses (pas); **d** (que vous) réagissiez; **e** (qu'elle nous) sorte; **f** (que nous) choisissions

3. elle fut (être); ils mirent (mettre); ils firent (faire); elle prit (prendre); ils durent (devoir); elle tint (tenir)

4. **a** se marier, avoir; **b** marier, devoir; **c** vivre; **d** subvenir;
les phrases au passé simple: a, c, d
La citation: «Ils vécurent libres, sains, bons et heureux» est de Jean-Jacques Rousseau, philosophe du XVIIIe siècle.

5. **a** a amené; **b** amènent; **c** emportera; **d** a apporté;
e ont emmené

6. **a** L'enfant **est protégé** par la mère.
b Un bon plan **sera élaboré** par Pierre.
c Ces trois projets **ont été poursuivis** par les filles.
d Notre honneur **est mis** en jeu par ce scandale.

7. en serrant; en allant; en prenant; en écrivant; en mettant; en protégeant; en faisant; en venant; en chantant

8. **a** prononçant; **b** tombant amoureux; **c** remplissant;
d réalisant **e** élaborant; **f** résidant
Traduction: **c** Während/Als sie dieses Papier ausfüllte, träumte sie von den Sommerferien.
d Als wir begriffen, dass alles vorbei war, haben wir geweint.

9. **a** Nous protégeons la nature. **b** Tu ne la reconnaîtras pas.
c Vous ne l'avez pas défendu? **d** Ils approfondissent leurs connaissances. **e** Nous ne l'avons pas encore convaincu.

Module 2 – Au camping en Corse

1. **a** (tu) dérangeras – futur simple; **b** (ils) montaient – imparfait; **c** (nous) dérangeons – présent; **d** (je) jetterai – futur simple; **e** (vous) dérangiez – imparfait; **f** (tu) sembles – présent; **g** (vous) monterez – futur simple

2. **a** Carla a déposé son sac et monté la tente.
   b Paul et Pauline se connecteront à Internet et écriront un commentaire.
   c Tu as jeté tes déchets la nuit et dérangé tout le quartier!

3. Je ne vais pas en boîte ce soir. / Nous mettons tous la main à la pâte. / Il a téléchargé un film. C'est interdit! / Vous avez guidé nos amis dans la nuit. Merci! / Il faut que je recharge mon mobile. / J'ai signalé le problème.

4.

C					C				P		J
	O		M		R				O		E
S		N	O		U				S		T
E			N		G	U	I	D	E	S	T
M			T	E					R		E
B			I		C				O		R
L			E		E	T	I	O	N	S	E
E			Z			S	E	R	S		Z

waagerecht: tu guides, je/il/elle/on guide; nous étions; je/tu sers;
senkrecht: je/il/elle/on semble; vous montiez; je/il/elle/on pose; nous poserons; nous oserons; nous serons; vous jetterez; je/il/elle/on jette
diagonal: je me connecte, il/elle/on se connecte;

5. **a** Elle a dit qu'elle **habitait** à Lyon.
   b Ils ont dit qu'ils **avaient vu** Clara.
   c Elles ont dit qu'elles **iraient** au Canada.
   d Il a dit qu'il **allait aider** sa sœur.

6. **a** Nous téléchargeons ce film. **b** Les deux filles vont souvent en boîte. **c** Zut! J'ai oublié de charger mon portable! **d** Soyez les bienvenus. **e** Non, je n'en suis plus responsable. **f** Tu as monté tout(e) seul(e) cette étagère? Super!

Module 3 – Culture et technique

1. tu publies; ils/elles s'installeront; tu loueras; tu vendras; vous vendez; je/ il/elle/on ruine; il/elle/on troublait; ils/elles censureront

2. **a** Quand on aura annulé ce concours, Laura sera contente.
   b Quand vous aurez fini de ranger, nous mangerons.
   c Quand tu te seras calmé(e), nous pourrons travailler.

3. **a** Nous rejoignons les filles. / Nous **les** rejoignons.
   b Vous avez vendu vos livres? / Vous **les** avez vendu**s**?
   c Luc fera toujours rire Céline. / Luc **la** fera toujours rire.
   d Jeanne a ruiné sa santé. / Jeanne **l'**a ruiné**e**.

4. **a** voler; **b** correspondre; **c** construire; **d** inventer

5. **a** nous vendrons; **b** tu consommes; **c** je construisais; **d** il tuerait; **e** elle annulera

6. **a** Cette voiture consomme trop de combustible.
   b Ses notes [à lui] ne correspondent pas à ses connaissances.
   c Soudain/Tout à coup, tu es apparu(e).
   d Il vaut mieux d'abord peser les pommes.
   e Je m'ennuie tellement, maman!

Notes personnelles/Les verbes difficiles
